LOLA

Loufane

me+mi publishing, inc.

Near the deep, dark woods was a simple little chicken farm. On this farm lived a little chicken— who was anything but simple. Lola was special.

Life on the little farm was exactly the same, day in and day out. The sun rose...

Cerca de un bosque denso y oscuro,
había una granja pequeña y sencilla.
Pero en esa granja vivía una gallinita
que no era como las demás.
Lola era especial.

Día tras día la vida en la granja
era igual. El sol salía…

...and the big, bold rooster tossed back his head and crowed.

"Cock a doodle doo!
I may be looking for you!"

"Awk, awk, awk!" The chickens squawked.
They fluttered their wings and wriggled their wattles.

...y el gallo grande y valiente levantaba la cabeza para cantar con orgullo.

—¡Quiquiriquí!
¡Quizá te busco a ti!

—Cocorocó —respondían las gallinas, batiendo las alas y moviendo las barbillas.

And every single day, all the chickens squabbled—all the chickens except Lola.

"Me, pick me!"

"No, no, no! It's my turn!"

"You never choose me!"

Who would the rooster choose to sit beside him that day?

Todos los días sin falta, las gallinas se peleaban. Todas, menos Lola.

—¡Me toca a mí!

—No, ¡hoy es mi turno!

—¡Nunca me escoges a mí!

¿Quién se sentaría junto al gallo ese día?

LOLA.

Lola was the chosen one,
today's lucky little chicken.
Just for today, the rooster thought only of Lola.

Ese día Lola fue la escogida.
Lola era la gallinita afortunada.
Solo por hoy, el gallo pensaría solo en ella.

But Lola did not want to sit next to the rooster.
Instead, she sat on a tree branch, alone.
"I want someone special," Lola sighed.

"Someone who loves just me."

Pero Lola no quiso sentarse junto al gallo.
En cambio, se sentó sola en la rama de un árbol.
—Quiero a alguien especial —suspiró Lola—.

Alguien que me quiera solo a mí.

The rooster was crushed.

No chicken had ever refused to sit beside him.

"All the chickens want to sit next to me," he said.

"They cluck and fuss, fuss and cluck to be chosen!"

The rooster's heart was broken. His handsome feathers drooped.

He no longer paraded in front of the chickens singing,

"Cock a doodle doo! I may be looking for you!"

El gallo quedó desconsolado.

Ninguna gallina se había negado a sentarse a su lado.

   —Todas las gallinas se mueren por sentarse junto a mí —dijo—.
¡Lloran y cacarean porque las escoja!

   Andaba triste y con el corazón destrozado.

Ya no se pavoneaba cantando frente a las gallinas.

   —¡Quiquiriquí! ¡Quizá te busco a ti!

Lola felt sad and lonely.
Her love must be far,
far away from the chicken farm.

"I know you are out there somewhere,"
she whispered, "waiting to love just me.
But where are you?"

Lola se sentía triste y sola.
Su amor debía estar lejos,
muy lejos de la granja.

—Debes estar en alguna parte,
esperando para quererme solo a mí —suspiró—.
Pero, ¿dónde estás?

Lola was...different, not at all like the other chickens.

Everyone teased her.

"What's wrong with Lola?" the others whispered. "Does she think she's better than the rest of us?"

They laughed at her. "Haw, haw, haw!"

Lola era... distinta a las demás gallinas.

Todas se burlaban de ella.

—¿Qué le pasa a Lola? —las demás murmuraban.

—¿Se creerá mejor que nosotras?

—Jajá, jajá —se reían de ella.

Lola sighed.

"This simple little chicken farm is too complicated for me.
It's time for me to fly."

And taking a deep breath, Lola bravely stepped outside
the safety of the fence.

Lola suspiró.

—Esta granja pequeña y sencilla es muy complicada para mí.
Es hora de salir volando.

Lola se armó de valor... y dejó la seguridad del corral.

For the first time in her life, Lola was alone. But where should she go?

Over the hill to another farm...or into the deep, dark woods?

"Now it's my turn to choose!" said Lola.

Por primera vez en su vida, Lola estaba sola.

Pero, ¿qué camino debería tomar?

¿Por la colina en busca de otra granja?

¿O por el bosque denso y oscuro?

—¡Ahora me toca escoger a mí! —dijo Lola.

Lola entered the woods alone—or so she thought.

"Will I ever find my love?" she wondered.

Lola entró sola al bosque... o al menos eso pensaba.

—¿Será que algún día encontraré a mi amor? —se preguntaba.

Suddenly, creeping up behind her...

De repente, calladito detrás de ella...

...Fox called,

"Lola? Hmmm...Are you looking for me?"

...el Zorro la llamó:

—Mmmmm... Lola, ¿Me buscas a mí?

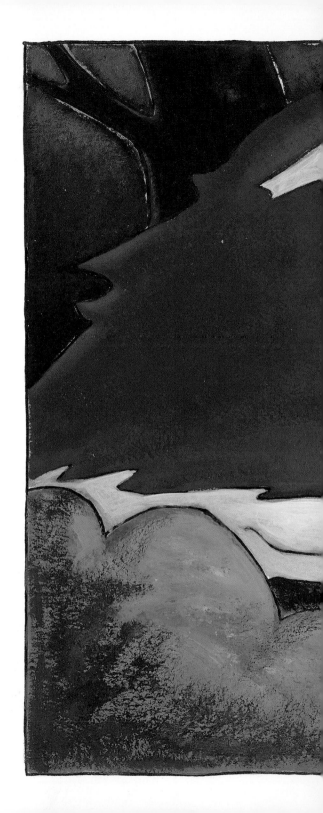

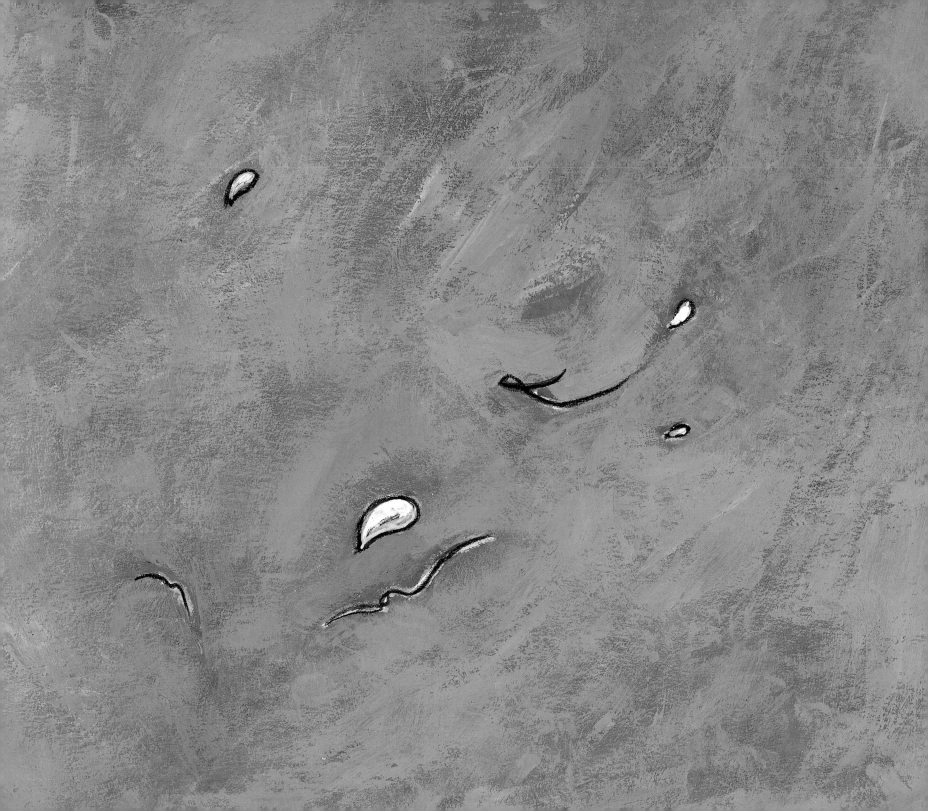

For my parents
Loufane

me+mi publishing, inc.

128 S. County Farm Road • Wheaton, Illinois 60187

Visit us on the web at www.memima.com

Translation © Gladys Rosa-Mendoza/me+mi publishing, inc.; Edited by Donna Latham and Elizabeth de la Ossa

First published in Belgium by Clavis Uitgeverji, Amsterdam- Hasselt 2001. Text and illustrations copyright © Clavis Uitgeverji, Amsterdam- Hasselt 2001. All rights reserved.